야난의 저녁식탁

국립중앙도서관 출판예정도서목록(CIP)

야난의 저녁식탁 : 홍산희 시집 / 홍산희 [지음]. -- [대전]
: 지혜, 2017
p. ; cm. -- (지혜사랑 ; 176)

ISBN 979-11-5728-242-5 03810 : ₩9000

한국 현대시[韓國現代詩]

811.7-KDC6
895.715-DDC23 CIP2017017509

지혜사랑 176

야난의 저녁식탁

홍산희

지혜

시인의 말

나를 에워싼 벽이
여름밤하늘처럼 열린다
껍데기 터뜨리며 날아가는 박주가리 씨앗처럼
붕붕 가벼워진다

2017년 여름
홍산희

차례

1부

2부

3부

4부

• 일러두기

한 연이 첫 번째 행에서 시작될 때는 > 로 표시합니다.

1부

톱

공구 통에서
실톱이 자고 있다

먹통과 줄자에 날을 대고
척추를 곧게 펴
젖내가 날 것 같은 잇몸을 드러내고
양날톱에 업혀있다

아가미주름 펄럭이는 어미를 따라
심해에서 먹잇감을 노리는 새끼 라브카*처럼
이빨을 세우고 있다

잠이 깨면
앙칼지게 먹잇감을 물고 숨 고르며
가느다란 선을 먹어 치울

팽팽한 휴식

* 6쌍의 주름아가미를 가진 심해상어.

‘데려 가네’라는 말

시의 마지막 연을 ‘데려 가네’라는 말로 마무리 해놓고
‘데려 가네’를 골똘히 본다
‘데려 가네’라는 글자와 말이 들을 건너 내를 건너 앞산에서 몰려오는 비구름 같다
‘데려’ 라는 두 글자가 점점 굵어지는 빗줄기 속으로 멀어져 간다

낡은 헝겊책가방 구멍마다 피어나던 들꽃 자수
책 읽는 소리 들으며 잠들게 하던 무명치마 냄새
산소호흡기에서 놓여난 엄마, 나는 아직 아무 말도 하지 못했는데
데려 가버린 소나기 같은 말

한글사전 ‘ㄷ’의 ‘ㅔ’자를 짚어 내려간다
데려 가다 – 타, (거라불) ‘함께 거느리고 가다.’
이렇게 표기되어 있다

(거라불)은 또 무슨 말인가 ‘ㄱ’의 ‘ㅓ’를 찾는다
거라 불규칙 활용【–不規則活用】명〔언〕
동사의 직접 명령하는 말의 끝이
‘–아라’ 나 ‘–어라’로 아니되고 ‘–거라’로 변하는 형식.
‘가거라’ · ‘일어나거라’ · ‘자거라’ · ‘자라거라’ 따위.

거라 벗어난 탈바꿈, 엄마 변칙.

그렇다면 타, (너라불) 활용으로
'데려 가네'를
'데려 오다'로 말해본다

가족사진

두만강을 건너 연변에서 2박, 서해바다를 건너온
흑백사진

아버지 곁에 다른 어머니
삼형제 아들이 에워서 있다
아득히 멀고도 그리운 거리距離가
거리에서 찢긴 플래카드처럼 펄럭인다

나를 지나쳐버린 시간, 내게는 없는 시간들이
환하고 촘촘하게 이어지는 저 사진 속
어릴 적 나처럼, 꾹 다물고 있는 북쪽 형제의 입 꼬리
떨리는 손끝으로 살짝 올려준다

아버지의 시간대를 8×10크기로 확대해 본다
인민복의 마른 체구 넓은 어깨, 검은 테 안경을 걸치고 있는
큰 귀, 꽉 다문 입, 하얘진 머리카락

나를 바라보는 아버지 눈빛
안경에 반사하는 빛의 속도로도 닿을 수 없는

봄, 라르고Largo

올봄
찬바람이 머뭇거리는 뜰
매화나무 꽃눈을 배고 있다

기다려봄
장항아리 속에
하늘이 내려와 메주를 안고 웃는다
묵은 장독이 황제펭귄처럼 눈雪을 맞는다

바라봄
겨울을 난 수련
어둠을 닦으며 돌절구 안에서 참선중이다
꽃봉오리가 동자승 눈빛이다
공배 올리는 작은 손

이른 봄
울타리 구멍으로 고양이 한 마리 들어온다
부레옥잠 옹배기에
물 한 모금 먹고 마른 잔디위에 눕는다

안뜰에 봄
만삭이다
삼신할머니의 産房

나비잠 속의 순례
— 바라나시 트라우마

내 안의 수문을 두드린다
초원의 끝에서부터 북을 두드리며 달려오는 듯
쐐기풀이 우거진 잠의 구릉으로 흙탕물이 휩쓸며 들어온다
장작이 차곡차곡 쌓여있다

유령들의 중얼거리는 목소리 들리고
향내 섞인 강물냄새가 난다
죽은 자들의 옷가지와 신발들
글자가 지워지는 책들이 소용돌이친다
눈을 부릅뜬 짐승의 사체와 뿌리 뽑힌 나무들
나는 황량한 들판이다

첫 울음조차 울지 못한 죽은 아기가
내가 떼어낸 왼쪽 젖을 물고 잠길 듯 잠길 듯 흘러온다
강가에서는 불길이 솟아오르고
내 안의 갠지스 강을 떠도는 붉은 옷자락의 순례자들이
불타는 장작 위로 내 몸을 올린다

바람은 물무늬를 만들고
강은 한 마리 거대한 물고기의 몸짓으로
시린 등줄기를 어루만진다
잠의 깊은 유배지에서 비늘들이 눈을 뜬다

타임캡슐 연대기

늦은 밤
버튼을 누르자 엘리베이터 문이 닫힌다
7층을 누른다

미라처럼 꼿꼿이 서서
한 층에 천년씩
내가 떠나온 곳으로 돌아간다

칠천년 전 신석기 시대 움집 앞에서
지잉 소리를 내며
자동문이 열린다

비밀번호를 누르자
원시림 사이로 초록이파리 무성한 팔이 나와
미세 먼지를 분리한 후
타임캡슐에 나를 안치한다

칸칸의 방에
7만년 후의 아침에 깨어날
연대별 숨소리

염습

마흔 해 키운 선인장 금사자가 죽었다
장승같은 몸은 뉘었는데
가시가 올올이 일어선다

건기의 바람에 흔들릴 때마다
길 없어 의지한 너와 나

숨소리 흐릿해지는데
상순으로 차오르는 검은 숨을 딛고
어미 몸 밖으로 잔뿌리 내리는
새끼들

허물어진 둑으로 쓸려나간 강바닥처럼
주검을 들어낸 구덩이의 고요
뿌리가 머리를 풀고
이제야 만난 제 몸을 조문한다

허공을 찌르는 가시를 달래며
남기고 가는 새끼들일랑 걱정 말라고
캄캄하게 뭉친 울음 마디, 마디
수습한다

>

겹겹으로 지은 신문지 수의 입혀
꼭꼭 묶는다

활동심전도일기

심장아 내 심장아 네가 하는 말을 번역할 수 없을 때가 있단다 아프다는 말인지 두렵다는 말인지 답답하다는 말인지 두근두근 두드리다 너도 참 갑갑하여 포기하는지 한 숨 돌리며 조용해지는 구나

오늘 나는 활동심전도 일기를 쓴다 일곱 개의 전극을 가슴에 붙이고 24시간 동안 네가 하는 말을 받아 써야하는데, 일기장에 적어야 하는데, '활동, 11:00 ~ 12:00 지하철 타다'라고 써야 하는데, 가슴이 두근거리면 기계의 버튼을 누르고 '증상, 11:20 가슴이 두근거린다'라고 써야 하는데,

네가 나를 두드리며, 조그맣게 조여들며, 가슴 저 깊은 계곡 아래로 떨어지는데, 내 아이처럼 나를 부르는데, 온 숨을 모아 부르는데, 나는 너의 숨찬 말을 똑 떨어지게 받아 쓰지 못하는데, 다시 한 번 말해 달라 하기도 전에 네 말을 놓쳐버리고, 숨이 다시 가빠오고

간절기

가위에 눌려
어두워지는 교차로에서 길을 잃었네
안개가 거리를 삼키며 몰려오네
길 건너에서 검은 저승사자가 바람을 일으키네

나 가랑잎처럼 쓸려가네
옆에 누운 당신을 잡으려는데 손이 닿지 않고
당신을 부르는 비명만 물속처럼 맴도네

몇 생을 건너야 당신에게 닿을 수 있을까
각기 다른 계절의 숨소리 떠도는
캄캄한 이 꿈속은
황도의 끝자리를 살아내는 내 물고기자리의
또 다른 生일지도 몰라

8월의 적도에서 사자자리의 생 살아가느라
끊어질 듯 끊어질 듯 끊어지다
포효하며 터지는 당신의 숨

이생의 환한 무덤 안으로 돌아와서야 보네
나란히 누운 우리 사이
몇 억 광년의 거리

TK0091번 기로 시차의 사막을 걷다

04시 47분
고도 10,363m
속도 694km

타클라마칸사막 위
비행기는 서쪽을 향해 날고 있다
안전벨트를 움켜쥔 내 몸에서 내가
어딘가로 자꾸 멀어져간다

통로 끝을 향해 떠간다 문이 열려있다
나는 구름위로 내려선다
하니족의 계단식 차밭처럼
겹겹의 구름이 맨발을 부드럽게 당긴다

내 발바닥이 자꾸 넓적해진다
모래바람이 세차게 몰려온다
내 눈썹은 점점 더 길어지고
낙타들이 콧구멍을 벌름거리며 달려들다
멀어지고 다시 다가오는
투루판분지를 끝없이 걷는다

기내식 쟁반이 춤을 추고

누군가 나의 등에 무거운 짐을 싣는지
발이 모래 속으로 자꾸 빠진다
개미귀신구덩이 속으로 미끄러진다
모래더미가 캄캄하게 쏟아져 내리는데
스튜어디스가 내 손에 물컵을 쥐어주며
are you okay?

가까스로 수평을 잡고
비행기는 천산天山 산맥을 넘고 있다

고도 10,364m
속도 692km
시간은 04시 44분으로 뒷걸음 치고

복분자 소사이어티

복분자 농장 비닐하우스 열기 속
시퍼렇게 우거진 덤불 속에서
필리핀 베트남 스리랑카 한국 말소리가
모둠, 모둠 익어간다

긴 이랑에 사람은 보이지 않고
초록 분홍 빨강 열매 사이사이
작은홍띠점박이푸른부전나비 날갯짓 하듯
웃음소리 펼쳐지다 접히곤 한다

피 멍울 같은 열매 떨어뜨려도
캄캄한 넝쿨 속일랑 들여다보지 마라
복분자는 따는 게 아니야
그렁그렁 고인 눈물
고이 받아내는 거야

플라스틱 바구니 허리에 매달고
가시덤불 속 걸어 나온 사람들
붉게 젖은 손으로
까맣게 익은 울음 저울에 단다

목탄화

오빠야 아직도 기억하니
보리누름 개구리 울어대며 땅거미 몰려오는 밤
타박타박 걸음마다 자욱하던 흙먼지

우우우, 우리가 가는 길은 자꾸 어두워지고
우우우, 머리 풀고 덤벼들던 비석거리 덤불들
오빠야 아직도 너는 기억하니

잃어버린 신발일랑 잊어버리자
한 짝씩 나눠 신고 깨금발 뛸 때
맨발바닥 쿡쿡 찌르며 갈갈대던 자갈길

멀리 등불 보인다며 밀이삭 불어주던 손
수수돌맹이에 찧어 먹 피 나는 내 발
감싸 쥐고 함께 울던
오빠야 오빠야 열한 살 오빠야

콧등에 겹겹이 주름 잡고서
가족사진 속에서 웃는 막내오빠야

저어새

깍두기 속에서
뭉툭한 잎을 양 날개처럼 접고
쪽파 대궁이
그릇 밖으로 머리를 든다

절여지고 다져진
毒이 함께 삭는 독 속에서
토막 난 육면체들 비명도 잠잠한
붉은 바다

독 속의 새
날개 가득 바람을 기다리는 저어새다
긴 부리 주억거리며
먼 섬을 바라보는

부글부글 끓는 바다
내 마음 속 격렬비열도

엄마의 일몰

문양이 꼭 파도너울 닮았네
자라처럼 늘린 목으로 웃는 엄마가
몽산포 삼십 리 벼랑길로 이고 온
신접살림 닷말들이 독

빈 독을 닦으며 잠을 깨운다
공명으로 맴도는 파도소리 똬리 틀어
아파트 베란다에 앉힌다

소금을 녹이며 떨어지는
저 깊은 물의 음성
물 머금는 소금의 맨살들 속삭이는 소리

둥실 품어드는 메주
휘청 받아 안는다
캄캄한 바다

정글 숲을 헤쳐 나가자
엉금엉금 기어서가자*

산남동에는 법원이 있고 검찰청도 있다
학교도 있고 유치원도 있다
산남유치원 아이들이 줄서서
노래 부르며 손잡고 걸어간다

—— 정글 숲을 헤쳐 나가자
엉금엉금 기어서 가자

변호사들이 모인 엔젤빌딩 맞은편 인도에
어린 누를 덥석 물듯
노란색 길** 한 입씩 콱 물고 있는 상가들
아이들 노래 소리 이어진다

—— 늪지대가 나타나면은
악어 떼가 나올라 악어 떼

* 이요섭 작사, 작곡 동요 '정글숲'에서 빌려옴.
** 시각장애인들을 위한 유도블록.

산희표 장조림

오늘의 칼칼한 요리강좌
간장 물 1대 1, 양파, 대파, 표고, 생강, 마늘
검은 설탕 푹푹 넣고, 달구나 하며 한 숟갈 더,
청양고추 두어 개, 매콤 달콤 졸여요
푸우욱 푹 삶아요

커다란 냄비 속
수리수리 끓어오르는 하얀 기포 사이로
길게 울리는 벨소리 한 다발
하나 둘 뛰어 들어오는 허기 예닐곱 덩이
꾸울떡 침 넘어가는 소리 서너 동이
손 씻어라 잔소리도 한 바가지
뭉글뭉글 끓어라 우랑바리 나바롱
짭짤하게 졸아라 마아수리 사바하

아가 아가 세상에서 젤 맛있는 게 뭐지?
호이호이 산희표 장조림!
그럼! 그럼!
아가, 아가 간장독에서 수정처럼 자라는
소금아이 이야기 들려줄까

옛날 옛날 소금고무래 별에

소금 숲 속 오두막집 소금식탁으로 잡혀온
밥도둑이 있었는데……

2부

야난의 저녁식탁

난 야난*, 난 세상의 모든 엄마

도마 위에서 지느러미를 빳빳하게 세운다 쏨뱅이목쥐노래미과 바닷고기 한 마리, 금방이라도 튀어 오를 기세다 촘촘히 세운 비늘 득득 긁어내면 퍼덕퍼덕 튀는 놈, 커다란 접시는 차가운 동북해, 노릇하게 구워져서도 등뼈를 한껏 늘린다

난 야난, 난 세상의 모든 할미

아가, 얘 이름이 임연수란다, 이면수라고도 하고, 새치라고도 하지, 옛날, 옛날, 강원도 한 부자는 새치껍데기 쌈 싸 먹다 논밭까지 팔아먹었다는구나, 검은 등뼈 쭉 떼어내고 밥숟갈에 척 올린 살점, 날아갈 듯 탱탱하다 말놀이에 신이 난 아이 눈빛이 반짝, 할머니최고, 할머니최고, 엄지를 들어 보인다

난 야난, 난 세상의 모든 아이

새치라고요? 얘가 그럼 날아다니겠네요? 아이가 쏨뱅이 눈으로 바라본다 그럼 할머니는 여치로 시금치나물을 만들 수 있어요? 멸치랑 가물치랑 결혼하면 갈치 낳아요? 나는 커서 내 친구 넙치 곰치 날치 다 데리고 고래 잡으러 가야지, 나는야, 할머니의 할머니의 할미니의 후예

* 엘리자베스 M. 토마스의 소설『세상의 모든 딸들』의 주인공.

그믐달

——열일곱 살 신랑, 열여덟 살 각시로 만나 오누이마냥 살어 본 몇 년, 가갸 거겨 거기는 각시, 나냐 너녀 나는 낭군, 꾹꾹 눌러 보구쓰구 받어쓰구 읽구 또 읽으맨서 밤 깊어 가는 줄두 몰랐지 이저는 그 얼굴 새벽 동쪽지평선에 뜨는 그믐달만 같어. 그렇게 까망눈 틔워 주더니, 심청전 읽으며 긴긴밤 기다리라구 그랬내벼……

——동백지름으로 머리카락 한 올 날아가지 못하게, 빗구 또 빗어 낭자에 비녀 꼽으먼, 당신 참 고와요 하던 목소리, 이녁 읍시 끄들리며 헝크러지는 세월, 빗고 또 비스맨서 살라구 경대서랍에 참빗마냥 그 목소리 넣어두구 잊어뻐렸내벼……

그믐달이야 어김없이 45년 뜨고 졌겠지만, 먼빛이라도 한 달에 한 번쯤 만날 수도 있었겠지만. 손톱 같은 초승달이 채워지다 스러지는 나날들, 누구도 수저를 들 수 없던 아버지 생일날, 아침밥상 차려놓고 꼭 한번, 엄마는 욕을 했지

——나쁜 눔 나 혼자 어떻하라구……

맨틀대류설

겨울 아침
이불을 휘감고 곤잠이 든 휘수와 서율
깊은 잠 속 해령에 고인 용암이
대륙붕으로 치솟는다

난류가 번져나간다
편편한 요 위로 해류가 소용돌이친다
저 물결에 밀려
드넓은 바다 속 어디쯤서
몸을 뒤채는 대륙과 대륙

해저 깊숙한 기슭에서
젖은 잠 줄기 따듯하게 합쳐져
서로의 꿈에서 꿈으로
다리 번쩍 들어 건너편 대륙에 걸친다

이불은 구겨지고
두툼한 솜이 움푹 가라앉으며
파란색 요 위로 한류의 파문이 번진다
파도가 숨을 멈춘 듯

꿈틀꿈틀 흔들린다

일어나리라 곧
지각변동이 일어나리라

수선화 어린 싹을 자르다

겨우내 깊이 잠든 구근을 심었다
새 움들에 가려
꽃대가 보이지 않는다

그날 학교 가는 길은 온통 꽃밭이었지
눈을 감고 날개를 펴보는 첫 비행이었지
날개자락 흙 묻을까 까치발로 떠가는 아이

학예발표회에서 노랑나비 역을 하게 된 아이에게
큰언니는, 엄마 같은 큰언니는
혼수로 둔 갑사甲紗천으로
날개옷을 입혀주었지
빨간색에 노란 안감을 받쳐
금잔화 빛 치마와 노랑저고리 만들어 주었지

무대가 열리기 전 선생님은 아이의 날개옷을 벗겨
주인공에게 입혔지

흙을 움켜쥐는 하얀 실뿌리에서
파릇파릇 나오다
한 움큼 잘린 이파리들이 손을 적신다

맨발내비게이션

'안도리지도리다래미한숨바우길'

우리나라에서 이름이 제일 긴
강원도 정선군 북평면 숙암리 벼랑길
바위틈을 붙잡고 안고 돌고
등으로 지고 돌면 다람쥐도 한숨 돌린다는
숨찬 바윗길 있단다

충청북도 청원군 미원면 내산리
내 고향 샘골에도 숨은 들길 하나 있단다
신작로 벗어난 그 길을 사람들은
속길이라 부르지만, 나의 맨발은
오래 간직하고 싶은 이름 하나 갖고 있단다

보리미앞갱변다리건너논둑밭둑지나먹뱅이봇도랑길

학교가 끝나면 나 혼자서
모시흰나비 따라 감자꽃 이랑 사이로
묶어 놓은 바랭이 풀에 발 걸려 넘어지며
맨발로 타박타박 걸으면
우렁우렁 귀 익은 목소리로 봇도랑 물이
배고프지, 배고프지 말 건네 오던

보리미앞갱변다리건너논둑밭둑지나먹뱅이봇도랑길

자라를 심다

새끼자라 두 마리 키우며
휘수와 서율은 갓난아기 돌보는 초보 엄마다
얼마나 컸는지 누가 더 힘센지
도토리 키 재기 한다

돌 틈에서 기어 나온 자라들
유리벽을 긁으며 출구를 찾는다
미끄러지고 미끄러지며

채송화 씨앗 같은 눈으로
바위에 엎드려 오래 내다본다
엄마를 본 적 없는 눈빛으로

밤새 벽을 두드리고 두드리다
물은 흐려지고
발톱을 오므린 채 고요해진 아침

휘수는 꽃삽을 들고
서율은 시든 모종 같은 자라 받쳐 들고
꽃밭으로 간다

일시적 전반 기억상실증 1

건너려는데 강은 아니다
가야하는데 길이 없다
소리가 없다 움직임도 없다
푸른색인 듯 황색인 듯 늪 같은 물결이 나를 삼키려하고
끝없는 벌판은 발이 땅에 닿지 않는다

내 손가락에 針을 찌른다
눈을 떴다
남편의 두툼한 손이 떨려온다
아들의 어릴 적 얼굴도 보인다

내게 무슨 일이 일어난 걸까?
지금이 어느 때인지 며칠인지 몇 년도인지
시간이 지워진 나는 누구인가?
부엌에서 열무를 다듬고 있었는데
머릿속 피톨이 사방으로 흩뿌려지는가 했는데……

혼자 살고 싶다고
그런데 내가 나를 떼어놓을 수 없다고 말했다며
며느리는 젖은 눈으로 나를 들여다본다

저승 새가

꽃마리 숲에 떨어뜨린
깃털이 머문 만큼의 時間이
기억나지 않는다

나는 돌아왔는데
형체 없이 그곳에서 길을 잃고 서성이는
그녀는
누구인가?

일시적 전반 기억상실증 2
— 휘인 벽 앞에서

괜찮니? 난 괜찮아, 네가 내 손을 놓은 우리의 열여섯 살, 그 지점에서 내가 길을 잃었다고 너는 생각하는구나, 나는 그곳에서 살고 있었어, 그날 난 널 보내고 싶지 않았어, 내게 너를 찾아주고 싶었으니까,

어릴 적, 우리가 숨어들던 그 작은 불빛의 방을 너는 잊고 싶었던거니? 언제부터인가 너는 오지 않았어, 너는 나만 잊은 것이 아니었어, 너 조차 잃어가고 있었어, 때로 네가 나를 부르는 소리 희미하게 들려왔어,

작은 방은, 나와 함께 두려움으로 자랐어, 나의 정원에 넝쿨들이 무럭무럭 자랐어 너의 목소리 점점 가깝게 다가오고 있었지만 보이진 않았어, 그런데 거짓말처럼 네가 왔어, 보내고 싶지 않았어,

기억하려하지 마, 그곳은 이제 사라졌어, 너를 들여다 봐

정글의 아침

소파가 청소차 입속으로 바스러져 들어간다
어린 누처럼 비명을 지른다

KBS 동물의 왕국
세렝게티 평원의 강에서
악어가 누 한 마리를 덥석 물었다
놓았다 물었다
소리를 지르며 버둥거리는 동안 다른 누들은 강을 건넌다
간절한 눈빛이 물속으로 끌려들어가도
돌아볼 수 없다
살아서 강을 건너야 한다

물살이 거리의 기계음과 소파의 눈빛을 삼키고
새들이 허공을 가른다
초원을 향해 강을 건너는 자동차행렬
누대를 지나 누떼가 강을 건넌다

밀림의 정오 뉴스

여기는 온두라스 라모스끼띠아입니다

오늘은 피그미세발가락나무늘보 장가가는 날입니다 밀림은 화창합니다 새신랑은 아침부터 고무나무꼭대기 가장 높이 뜨는 햇빛에 몸을 데웁니다

붉은 강물에 황제처럼 누워 떠가고 있습니다 이끼로 덮인 몸속에는 백 여 마리 나방들이 날개를 펴 먼 신행길 저어갑니다 예물은 넓은 가슴 뜨거운 체온입니다

초승달 같은 눈썹으로 입이 귀에 걸렸습니다 밀림이 손 흔들며 빠르게 강물 열어줍니다 흰구름, 바람기자들 햇살 셔터 팡팡 터트립니다 아, 드디어 새신랑 올라갑니다 가장 높은 나무 위 가장 연한 고무나무 잎 사이 가장 아름다운 신부를 향해 올라가고 있습니다

아, 단단한 근육 긴 앞다리로 성큼성큼 올라가는, 꽃미남 피그미세발가락나무늘보 엉덩이를 실룩대며 올라갑니다, 올라가다가 아! 웬일입니까 이게 무슨 일입니까 내, 내, 내려, 오고 있, 습, 니, 다아~ 느리게, 느으리게 느으으리게~

아! 그녀가 아기를 품에 안고 눈길도 주지 않네요, 아직

준비가 안 되었다는 그녀의 신호입니다. 피그미세발가락나무늘보는 그믐달 같은 눈 내려 감고 느릿느릿 내려갑니다, 내려갑니다, 사랑스런 눈길로 그녀를 다시 한 번 바라보며, 내려가고 있네요 아! 과연, 과~연 밀림의 신사답군요.

지금까지 온두라스열대우림 떠벌이기자 오색앵무였습니다.

참나무 화장火葬

하얗게 사위어가며
불이 검은 알을 낳고 있다

온기를 짚어 본다
안개가 따듯한 입김으로 맴도는 재
맴도는 말

너울거리는 불꽃
타들어가는 나무의 살 속으로 잦아드는 물기
에도는 물굽이와 산새소리
훨훨 태워 보내고

새벽 하현달빛에
홑잎나무울타리 그늘 희미해지는데
아직 보내지 못한 너
등고선처럼 내보이는 뼈의 결

기억의 흔적에도 그림자가 있듯
나무의 자궁에 옹이가 있다

마티네 즉흥 콘서트

콘서트가 시작되기 전 악장은 현을 조율하고
악단을 조율한다 왼쪽, 오른쪽,
그리그* 페르퀸트의 1번 모음곡이 시작되고
'아침 기분' 에 이어 4번 '산 속 마왕의 전당에서'

거실에서는 TV 소리
할아버지랑 태인이 수학문제 푸는 소리
건널목에서 날아오는 호루라기 소리

휘수와 서율 방에서
포켓몬스터 진화하는 소리
배틀하다 우는 소리

시계바늘은 자진모리로 돌아가고
점점 격렬해지는 할머니의 지휘봉
울음 섞인 웃음소리 잠, 잠, 함도 잠시

다녀오겠습니다람쥐꼬리본드래곤드레만드레♬

활짝 열어젖힌 문으로 후렴구 멀어진다
엘리베이터 내려가며 올라오는 공명

>

사랑해요플레미콘푸레이크낙새소리……♬

1악장 끝나다

* 노르웨이 작곡가 Edvard Grieg(1843~1907).

청바지기지국

태인이 입다가 휘수가 받아 입고
서율이도 키운 청바지는
오래된 그림책이다

한 땀 한 땀 수놓인
걸음마부터 달리기까지
울고 웃는 소리 쟁쟁한 숄더백이다

누가 한쪽을 베어 먹었을까
무릎에 대고 꿰맨 초록색 사과

사과는 코끼리를 부르고
코끼리는 귀가 커다란 자동차를 불러

그림 위에 그림들
색색의 이야기를 타고 달린다

카톡카톡카톡 메시지가 온다
청바지가방 기지국으로

사천 가는 길

꿍짝꿍짝 신나게 고속도로 달린다 칠십 중반 초등친구 부부여행 간다 忠一여객 관광버스 빨간 치마 휘날리며 오늘도 달리고 달려라 꿍짝꿍짝 자식 걱정 가뭄 걱정 잠시 의자에 묶어두고 일어나시게들 어여들 일어나 흔들어 보자구 야야야 내 나이가 어때서 노는데 나이가 있나요 꿍짝꿍짝 우리 가장 젊은 오늘 이대로 앉아서는 못 보내지 呪文도 呪術도* 없이 신들린 무당처럼 살아온 잡놈들 나가신다 잡귀야 물렀거라 내 占은 내가 친다 여보 기사양반 신나는 트로트 메들리 빠르고 빠르게 돌려보슈 꿍짝꿍짝 걸음은 느려도 춤은 그게 아니지 평생 논밭에서 허리 한 번 못 펴본 이쁘고 이쁜 우리 할멈들 소름 끼치는 저 추임새 받아 휘어진 다리 신나게 흔들어 보시게 굽은 등 한번 쭈욱 펴보시게 쌩쌩한 아이돌 찢어진 청바지로 뛰어와도 못 따라 올 우리네 굴곡진 길, 어이 사천이 저기 보이는구나 에헤야 부랄 친구들아

* 유홍준 시「오동도로 가는 問喪」에서.

산동양반

눈이 수북이 쌓여
왕릉만큼이나 높아진 산소에
주과포 올리고 성묘한다

곱은 손 모으고 절을 하는데
산동양반 증조부님 웃음소리
쩌렁하니 산이 울린다

보부상으로 방방곡곡 누비실 때
언 몸으로 고개고개 넘으실 때
하얀눈 머리에 이고 맞바람에 휘둘리던
대관령황태, 반갑다며

저 앞산 양지쪽 사돈 불러 마주하고
권커니 잣거니 잔 돌리신다

어린 증손들 절 받으시며
하얀 눈 위에 부어드리는 술
아 달다, 달다 하신다

양파야 양파야

입을 앙다물지 마라
초록 새싹 손가락이 보인다
숨 한번 크게 쉬려므나

말갛게 부푼 입술로
겹겹의 수문을 여는
숨 참는 어미야

입술을 깨물지 마라
눈앞이 하얗게 멀어져갈 땐
비명을 지르려므나
내가 네 아기 받아 줄께

숨 참지마라
산방에 들어가며
나는 생각했단다
저 신발 또 신어볼 수 있을까

산희횟집

성산일출봉아래
식당가를 지나다
‘산희횟집’을 보네
아끈다랑쉬오름 길목 고즈넉한 카페 이름도 아니고
금귤 주렁주렁 열리는 돌담집 문패도 아닌

산희횟집
젖은 도마 위에서 펄떡이는 살점을
저미는 그녀
물 위로 떠오르며 숨비소리 토하듯

오늘 밤처럼 유리창으로 겨울비 내리면
서귀포시 성산읍 일출로 254-1번지
태왁처럼 안고 있는 빛바랜 간판 떠오르네
터진목 앞바다에서
그물의 긴 띠를 지우며 물비늘 떼 몰려오네
바람은 비릿한 물길을 몰고 오고

내가 먹은 살점들이 나를 역류하며
쏴아쏴아 사구를 끌고
캄캄하게 데려가네

3부

고리

GP 땅굴 속에서
106미리 무반동총 탄피 꼭지로 만든 반지
밥풀만한 소위계급장을 양각한

총안구로 들어오는 겨울 숲
보이는 소리에서 보이지 않는 철책까지
파내고 새겨 넣은
180일 동안의 일지日誌

결혼 45주년 아침
화장대 서랍에 애기 돌 반지 담았던
분홍 곽 속에서
눈 덮인 스펀지 숲을 지키네

당신과 나의
비무장지대로 들어가는
문고리

보이지 않는 낮과 보이는 긴 어둠 여느라
닳고 가늘어지고 휘인
저 둥근

자전거 여행

서율이 청바지 구멍 난 무릎에
꽃무늬 천을 대고 홈질을 한다

한 땀 한 땀 수놓는 빨간 자전거
꽃을 가득 실은 바퀴살 사이로

벼락 맞은 느티나무 지나
군다리 할아버지네 삽짝을 돌아
샘골 집 마당이 캄캄하다

노랑 색실로 라이트를 켜자
울타리 참죽나무가 달려나온다

추녀 끝 빗줄기 너머
흰옷 입은 엄마가 굵은실을 길게 꿰어
양말 구멍을 깁는다

자전거 여행
— 베 짜기 놀이

바깥마당 배나무 아래서 사촌을 업고
몸으로 입으로 왼쪽 오른쪽 북을 건넨다
입으로는 꼭꼭 발로는 탁탁 바디를 다진다
아기가 등 두드리며 까르르 웃는다
재밌어라 내 어린 엄마 댕기머리 널뛴다

복숭아밭에 까치 쫓고 오너라
텃밭에 이슬오이 애기 주고 너도 먹고
안마당 참깨 멍석에 참새 앉을라
훠이훠이 쫓아가며 한나절 놀다오너라
멀리서도 베 짜는 소리 몸으로 받아
잘그락 탁 잘그락 탁탁

큰엄마는 아기에게 젖 먹이시고
베틀이 비는 사이 얼른 앉아서
바디야 길 열어라 북 나가신다
매듭은 감추고 거친 무명 비단같이
잘그락 탁 잘그락 탁탁

엄마 눈부처로 그렁그렁 자라온 나
자전거 세워놓고 베 짜기 놀이 한다
업힌 애기도 내 엄마도 함께 웃으며

잘그락 탁 잘그락 탁
잘그락 탁탁 잘그락 탁

자전거 여행
— 밤나무 집

안개에 묻힌 언덕에 자전거가 멈춘다
늦밤나무 아래서 단발머리 아이가
알밤을 주워 담는다

붉은 밤 몇 섬씩 내어주던 사랑마당 올밤나무
동티나서 베어지던 그해
무덤 같은 왕겨 속에서 뿌리 태우는 연기가
머리 풀어 휘돌며 집을 삼키고

풀 먹인 흰 옷 허리끈 동여매고
재티 내리는 마당을 쓸어내는
싸리비 자국은 지우고 쓰고 지우며 쓰는
어머니의 비망록

밤나무가지 저리 엉킨 듯해도 저마다 길이 있단다
떠나가거라 돌아보지 마라
안개 속에서 말소리 들려온다

밤나무 언덕에서
그늘나비처럼 팔랑이는 아이
나는 아직도 그곳에 살고 있다

봄비 크로키

빌딩 숲으로 비가 내린다
먹구름 가득 찬 도시는
방죽처럼 깊어진다

수초 사이로 일렁이는 치어 떼처럼
햇잎들 눈 뜬다

점점 짙어지는 밤 속으로
빨간 차가 사라지면 노란우산이 다가오고
하얀색 차 불빛에 빗방울이 통통

그리면서 지우는 모래그림처럼
빗줄기는 어두워지는 골목에
벚꽃잎 전구를 켠다

흐르는 빗물이
창 안의 얼굴을 지우고 다시 그리고

담채화

— 당신은 누구십니까

내 안에 깊은 골짜기 있어 그늘에 먹힌 어두운 집 숨겼습니다 숨죽인 집 두근대는 작은 방 그 방에 나도 숨겼습니다

사방이 막힌 집에 드리운 그늘이 짐승으로 사나워질 때 날개 다친 작은 새처럼 집이 파닥입니다 울음이 차오르는 집이 성난 강으로 범람할 때 종이배처럼 집은 흔들립니다 두 손에 담아 깊은 골짜기 바위아래 재웁니다

대문이 잠겨있는 집 불 꺼진 방에 담채화 한 점 있습니다 복숭아 뼈에 빨간 머큐로크롬이 트리의 전구처럼 깜박이는 크고 하얀 발입니다

어두운 집 내 깊은 방에 당신의 크고 하얀 발 살고 있습니다 백야처럼 휑한 겹눈이 집 안을 들여다 볼 때 나를 품어주는 등불입니다

야단법석 베란다

주문진 바다 와불이
검은 너럭바위에 백련 피워 올리며
파도를 품는 밤

달님도 귀 기울이는
너럭바위민박집

화분에서 허리 꺾어 누운 선인장
한 아름 안은 새싹들 총총히
동자승들 웃음소리 들릴 듯하다

온몸에 가시를 안은
그 자리가 사바인데

촘촘한 가시장삼 자락 속에서
피워 올리는 꽃

가테가테파라가테 파라상가테 보디스바하……*

* 반야심경의 아제아제 바라아제 바라승아제 모지사바하의 산스크리트어.

맨발로 서다
— 품밟기*

땅의 맨살이 발바닥을 꽉 잡는다
산아~ 부르는 소리
이크, 에크, 에크!

어릴 적 논둑길이 구불구불 달려온다
발가락이 땅의 속살을 더듬는다
발바닥이 흙의 숨소리 귀 기울일 때

제치고 긁고 이크,
덜미 잡고 덜미 걸어 에크,
주먹 긁고 는질러 찬다 에크!

내 몸속에 가득 찬 낯선 나
왼손이 왼다리를 스치며 굼실굼실
여보게 잘 가시게나

척추를 타고
발끝까지 숨 들어온다
이크! 에크! 에크!

어리대고 빗장 걸어
활갯짓으로

섯거라!

* 택견의 기본 보법 3.

붕붕

눈을 감고
지름 40센티의 둥근 금 안에서
제자리걸음으로 30초 동안 걷기 놀이 한다

나를 에워싼 벽이
여름밤하늘처럼 열린다
껍데기 터뜨리며 날아가는 박주가리 씨앗처럼
붕붕 가벼워진다

점점 무한 공간으로 작아지는 나
팔을 크게 저으며 더 높이 걷는다
어지러운 길 위의 검불
까마득히 흩어지는 먼지 한 점이다

눈을 떠보니
나를 가두었던 금 저만치 멀어지고
박주가리 씨주머니
텅 비어 있다

울타리 밖 산수유가지 사이로
멧새들 들고난다

꽃댕강나무는 빈집

그녀가 보이지 않는다

꽃송이 다 날아가고
텅 빈 집 혼자 지키던

숨겨놓은 알집 오르내리며
날아가는 새에게도 더듬이를 세우던
그녀가 보이지 않는다

퀭한 눈으로
비바람에 나무와 함께 흔들리며 젖던
어미 사마귀
그녀가 오늘 보이지 않는다

얇아지는 햇살이 꽃받침떨기 부풀리는
휑한 나무그늘에
검은 개미들 길게 상여 메고 간다

판넬민박집

바람이 살풀이춤을 춘다
파도가 엉기고 풀어지다 또 엉기고
갯바위 우는 꽃지해변

먼 길을 돌아온 사람을 끌어안고
강신한 듯 몸을 떠는 판넬집
날아갈 듯 춤사위가 서늘하다

달빛이 하얀 광목 자락 서리서리 풀어
죽은 괘종시계를 깨우며
밤새 내림굿을 한다

오색기를 신장처럼 흔들어
뱃고동 소리 길게 울리는 아침
해당화 꽃 불긋불긋 눈 뜬다

햇볕이 신어미처럼
눅눅한 집의 등을 쓰다듬는다

처녀별자리*

요건 텃밭에서 캐온 대파여
요건 메누리가 겨우내 품어 키운 쌈여
참말루 팔기두 아까워
그려 얘들은 비양기에서 금방 내린 제주물멱이구

육거리 시장 신협 앞 뽀골머리 할머니
걱실걱실한 얼굴에 핀 검버섯 느타리송이 같다

닳은 손톱에 진홍빛 펄매니큐어가 두껍다
야가 뒤집히는 손톱을 잡어 줘 우리 손녀가 발라줬쟈
저울도 되도 없이 서려 담는 손
넌출넌출 쇠스랑을 닮았다

저녁별이 뜨듯 가로등이 켜지면
상가들 하나 둘 문을 닫는
육거리 시장통

오늘도 이 양반이 일수를 찍어주시네
죽고 못 사는 내 애인여~ 큭큭
만 원짜리 쓰다듬으며

검은 비닐봉지에 환한 웃음 담아주고는

셔터를 반쯤 내린 신협 유리문을 민다

* 황도 12궁의 6번째, 한단의 밀을 운반하는 젊은 처녀로 표현됨.

신新 장화홍련전

이 고을 사또께 아뢰나이다. 나는 벙어리입니다. 벙어리로 태어나지 않았는데 벙어리입니다. 무섭습니다. 문득 둘러보니 제 곁에는 엄마뿐입니다. 아버지의 키는 너무 커서 제 눈에는 보이지 않습니다.

꿈에 자꾸 손목이 잘린 커다란 손이 보입니다. 긴 검지를 세우고 있습니다. 나는 입을 다물어 버립니다. 보이지 않는 아버지 슬하에서 착한 딸로 길들여집니다. 사람들 앞에 서면 그늘이 없는 듯, 날마다 환하게 웃는 법만 익힙니다.

나는 울 줄을 모릅니다. 울음을 배우지 못했기 때문입니다. 죽은 건 서럽지 않사오나, 죽어서라도, 리듬, 멜로디, 하모니를 갖춰 큰소리로 울어보는 것이 소원입니다, 신관 사또가 부임할 때마다 찾아오지만, 저의 울음을 알아듣지 못합니다.

현명하고 공명정대하시고 울음에 조예가 깊으신 사또께 아뢰나이다. 삼키고 또 삼키다 출렁 출렁 차오르는 눈물을 한 번만이라도 시원히 쏟을 수 있도록 부디 저의 한을 풀어주소서.

이소離巢

둥지에서 떨어진 아기 새처럼
부드러운 가시를 세우는
피코 선인장
닿으면 닿은 자리에서 뿌리 내리고
또 자라겠지만

기울고 있다
저 기울기에 무슨 생각이 있는 걸까
어제보다 더 갸우뚱하다

철사를 구부려 솜털 보송한 등 받혀주자
해먹인 듯 누워
가시 입 모아 휘파람을 분다

물방울이 자라는 아침
재잘대는 새소리처럼 문득
빨간 꽃송이들 점점이 피워 올린다

옛날 옛적 귀시미

4월 어둑한 새벽
귀시미 잡으러 담배 밭에 간다
찬 이슬 내리는 밭두둑에
담배 순 뎅강 뎅강 잘려 있다

밤새 드라큘라처럼 이빨 꼽고
어린 순 갉아먹는 귀시미란 놈
햇귀 퍼지면 땅 속으로 숨어드는 놈
열 마리에 일환씩 현상금 걸린 놈들

동그랗게 몸 말고 죽은 척 하는 놈
작은 대가리 빳빳하게 휘두르는 놈
떼어내도 악착같이 갉아먹는 놈
흙 속에서 꺼내면 나 죽었네 배 뒤집는 놈

—— 이눔들아 담배농사 망치면 월사금도 읎어
    꼬챙이로 팍 대가리를 눌러야 하느니
할아버지 이 고랑 저 고랑 넘어다니고
내 종아리 두드러기 스멀스멀 올라오고

쓸개가 터지면서 내뿜는 푸른 독
그 아귀 아직도 내 손가락을
물컹물컹 물고 늘어지는

산희가 산희에게 쓰는 편지

가을이 깊어가고 있어. 섬진강변을 달리는 완행열차에서 너를 생각해. 저 강물 여울여울 저물어 가네. 어릴 적 우리가 함께 숨어들던 크고 하얀 맨발의 환영幻影, 화인처럼 무의식 속에 각인된 그림, 그때 우리는 알 수 없었지. 그 발이 얼마나 아픈 발이었는지, 누구의 발인지도 모르면서, 복숭아뼈에 칠해진 빨간색을 우리는 등불이라며 따듯해했지.

나 마흔 살이 되던 날, 품고만 있던 발 그림을 엄마에게 내보였어. 고름처럼 차오른, 엄마와 나의 울음주머니를 터뜨렸어. 엄마는 말했지, "그 발은 환영이 아니란다. 1950년 6월, 비가 억수 같이 오는 밤, 너를 처음 안아본 아버지의 발이란다, 복숭아뼈에 난 그 상처를 네 작은 손이 가만히 만져본…… 무릎에 앉아 처음이자 마지막으로 만져본…… 그래, 그 발은 왼쪽 발이었지……"

우리 아직 다 자라기도 전, 내가 너를 놓아버렸어, 넌 참 하고 싶은 말도, 가고 싶은 곳도 많은 아이였지, 엄마는 우리 형제들을 안고 가파른 절벽을 걸었고, 나는 착한 딸이고 싶었어. 이명으로 들리는 울음소리 따라, 이제야 길을 나선다.

우리의 등불이 자꾸 흐릿해지네, 이 열차가 간이역을 들

르듯, 마음 닿는 곳에 나를 잠시 내려놔 보곤 해, 낯선 사람처럼, 기차가 멈추면 우리 스쳐가지나 않을지, 미안해, 사랑해, 1년 후, 또 1년 후, 서로에게 조금씩 다가와, 늦기 전에 아버지의 아픈 발을 함께 보내드릴 수 있기를……

4부

비밀의 방

흑백 필름 팽팽히 감기는 소리 이명으로 들릴 때
항라치마 빛 불이 켜진 방문이 열린다

소리가 차단 된 낯선 여관방, 어머니는 찢어진 누런 군복
바지의 올을 짜고 있다 아버지의 크고 하얀 맨발이 보인
다 무릎에 어린 내가 앉아있다 곰실곰실 복숭아 뼈에 빨
간색을 만지는 작은 손

기억일까 상상일까 꿈일까 소리도 움직임도 없는 시간이
낙화烙畵될 때, 옹알거리는 소리와 문풍지 떨리는 소리,
자욱한 그을음 사이로 맴도는 환청일까

반공방첩 포스터가 붙은 대문이 바람에 덜컹거리면, 어
머니는 등잔불 훅 불며 이불 속 깊이 우리들을 묻어버렸
다 그런 밤, 나 혼자 숨어드는 깊은 방,

박꽃처럼 환하던 무덤 속

이산離散

책상 위 덮개 잃은 거북벼루를 쓸 때면
오빠와 언니들은
다양한 글씨체로 써내려간다
나에겐 없는 아버지의 기억을

붓에 첫 먹물을 축이던 날 부터
한 점 한 획
검게 물드는 신문지
둥글게 둥글게 먹을 갈아온 날들

장맛비에 마른도랑 콸콸 넘치는 날
들려오는 소리
밀집물레방아 물줄기 아래
소리 속의 소리

물속에서 어른거리는
깊이 갇힌 돌의 목소리를 캐낸다
먼 곳을 떠돌다 돌아온 듯
군데군데 살점이 떨어져 나갔다
거북무늬 덮개

뚝뚝 물이 떨어지는 등을 덮어주자

캄캄한 얼굴에 번지는
물빛 웃음
내 작은 손을 감싼다

양철연어

엄마의 큰아버지 눈썹은 천년 묵었다는 호랑이눈썹, 고려인삼 곽의 산신령 수염, 높은 갓은 먹구름 같았다지 손님과 과객이 붐볐다는 전주이씨 대갓집에 얹혀산 엄마

꽃가마 타고 이티재 너덜 길 넘어온 엄마, 단칸방 문도 없는 부엌에서 장 건건이 하나로 시부모님 모시며 살았다는 엄마, 문득 문득 혼자가 아니어서 눈물 났다는 엄마,

주룩주룩 내리는 비에 지느러미 젖는 밤
나는 풍경에 달린 양철 연어
멀리 청원군 내수면 용계리 모천母川 바래기 한다

솟을대문 지나 안채, 물굽이처럼 넘실거리는 대청마루로, 밥상을 들고 하루 몇 십리 길 맴도는 고래뱃속 같은 안마당, 달빛이 감싸 안으며 물결처럼 출렁인다

열일곱 살 신랑에게 홀로 시집 온 엄마
걷고 또 걸어 수직의 보를 거슬러 오르던 엄마
걷고 또 걷던 댕기머리 엄마

백년 동안의 지각

교실로 들어갔다 수업은 다 끝나고 아이들은 한 명도 없다 선생님도 없다 칠판 가득 시험 시간표와 범위가 도표로 그려져 있다 과목마다 다른 색깔로 변하는 네온싸인 칠판, 글씨는 깨알처럼 작다 백년째 텅 비어 있는 교실이다 나는 어디서 무엇을 하다가 이제서 학교를 왔는가 저 많은 과목과 시험 범위를 누구한테 물어보아야 하나 칠판의 글씨가 점점 사라진다 공책에 쓰려고 다가가는데, 어둠이 교실을 삼키더니 칠판을 꿀꺽 삼켜버린다 깜짝 놀라 꿈속에서 잠을 깼는데, 나는 아직도 열여섯 살, 학교를 가야 하는데, 나를 엄마라고 부르는 낯선 어른들이 방안 가득 잠들어 있다 나는 학교에 가야 하는데, 아침밥상도 차려놓고, 숙제도 다 해놨는데, 일어나라 소리치면 눈을 뜨다가 다시 잔다 계속 잔다 내 손에 콜라병이 들려있다 빈 병으로 앞산만한 엉덩이를 힘껏 내리친다 번번이 빗나가는 콜라병, 나는 그만 엉엉 울어버린다 내게서 학교는 왜 이리 멀기만 한가 울어도 울어도 눈물이 그치지 않는다

누구 없어요?

제 말 좀 들어보세요
원흥이 방죽*은 우리의 탯자리였어요
그곳엔 지금 인공웅덩이 기념비와 두꺼비생태관이 서있어요
스피커가 우리를 부르느라 목이 쉬도록 울어도
우리는 그곳에 없어요

구이구이쪽갈비 착한전복 불닭발 지글대는 산남동
밤거리는 휘황하고 노래방은 밤새워 지하까지 흔들어서
우리는 갈 곳도 없어요
청춘포차는 아프니까 청춘이래요
배는 점점 불러오는데 어떻게 해야 할지 몰라요

술애바퀴를 지나 북경깐풍기 앞 와바에서
하이네켄 호가든 기네스 아사히가 잔 부딪치며 자기들끼리 위로해요
우리는 갈 곳이 없어요
우리는 알을 낳으러 어디로 가야 할지 몰라요

곤조에서 사시미 간장새우 연어샐러드 다 나와서
펄럭이는 간판으로 손님들을 불러요
본초강목 동의보감 흔들어대며 미스터 양꼬치가 유레카

를 외쳐도

우린 믿을 수 없어요

어서 산을 내려가야 하는데 도로는 거미줄 같아요

우리들은 약속의 선**을 넘을 수도 없어요

방죽에는 청둥오리 가족들이 해마다 늘어나고 있어요

검찰청 법원 깃발 휘날리는 원흥이 방죽 언덕에서

사백 살 느티나무 할아버지도 끙 하며 웅덩이를 내려다만 봐요

봄이면 새끼두꺼비 행렬 장관을 이룰 거라는데

추억포차 칠구씨와 싸롱말자 아줌마가 열두광주리 이고 온다해도

우린 이제 믿지 않아요

두꺼비를 발견하면 알려달라는 전화번호도 곳곳에 있어요

진통이 점점 잦아져요 119좀 불러주세요

* 청주시 산남동소재, 신도시로 개발되기 전까지 산남동 일대의 농지에 물을 공급해주던 커다란 방죽

** 원흥이방죽과 구룡산 일대 산책로 따라 30cm 높이로 쳐진 두꺼비 보호 꺽쇠형울타리.

커브스*

엔젤빌딩 4층 유리문이 열리면
커다란 창문에 드라마포스터 '마녀의 성'이 있다
신나는 음악을 타고
스프링, 스프링 팽팽한 근육으로
열두 명의 붉은 마녀가 기다린다
바이 셉 트라이 셉, 바이 셉 트라이 셉,
그림자에 달라붙은 지방까지 태워주리라
숨은 깊게 동작은 크게
밀고 당기고 밀고 당기고
30초 동안 커브스, 커브스,
강한 비트 음악으로 업, 업,
빠르게, 빠르게, 아랫배 힘주고,
뜨겁게, 뜨겁게, 엉덩이 힘주고,
마녀들이 슉슉 슉슉 소리친다
등은 곧게 어깨는 쫙 펴고
앱, 백, 앱, 백,
단단하고 매끈하게
탄탄한 꿀벅지 파워로
숨 속에 숨은 근심까지 날려버려라
하늘까지 닿아라 경쾌한 음악을 타고
하루 한번 나, 마법에 걸린다
뱃살 만 빼봐 다 죽었어

* 30분 순환 운동의 여성 전용 헬스클럽.

지붕 없는 창고

산남동 국민은행
에어컨 실외기들 층층 쌓인 빌딩
볕도 안 드는 구석
목련꽃잎 가만히 내려앉는다

은행 문을 밀고나오는 남자
대출금 체납통지서 구겨 쥔 채
골목으로 불어 닥치는 칼바람을 맞는다

담배연기 몇 모금
깊게 삼키고는 휙 던진다

채 꺼지지 않는 꽁초가
필터만 남은 것들을 깔고 누운
차가운 시멘트 바닥

무연고자 유골들이
등을 대고 모여 쉬는 추모동산 같다

자폐 증후군

내가 나를 빈 집에 가두고
밖에서 문을 잠그면
또 그 안에서
단단히 문을 잠그는 아이가 있다

어둠 속으로 우당탕탕
마루로 올라서는 군화발소리들
진흙발자국 어지러운 방을
엄마는 젖은 걸레로 닦고 또 닦는다

앉은뱅이책상 밑에 숨어
숨죽이는 일기장

커다란 돌짝에 눌린 새싹처럼
노랗게 숨 쉬는 낱말들에게
깨진 유리창 틈으로 밤바람만 말을 건다

커다란 달빛의 손이
진흙발자국을 닦고 있다

은보라 빛 아기사마귀 태어나다

활짝 열고 나오너라
알집일랑
빈 씨오쟁이*처럼
나뭇가지에 걸어 두어라

꼭꼭 숨어라
어여쁜 내 새끼들

꽃댕강나무 아래
금강초롱 숲
바람소리도 곤히 잠든
엄마의 무덤으로 오너라

꼭꼭 숨어라
어여쁜 내 새끼들

초롱꽃 포기 아래 숨어서
한 겹 또 한 겹
허물을 벗으려므나

*씨앗을 담아두기 위하여 짚을 엮어 만든 자루.

밥 짓는 나무

이팝나무 할머니 새벽을 여신다
벼락이 앗아간 몸 빈터에
들꽃 가득 안고
한조각 남은 몸피를 쇠기둥에 의지한 채

이끼치마로 가린 흉터 속
사백 오십 살 젖샘에 출렁 두레박 내려
아득한 기슭으로 물 길어 올리며
쌀 안치는 소리

영암 모정마을
정월 대보름 풍물놀이
아직 태어나지 않은 아기들까지 깨우는
징소리에 불씨 당겨

고봉, 고봉 이밥 꽃 지으신다
없는 육신의 아궁이에
월출산 떠오르는 해로 불을 지펴

피거산避居山 돌탑*

여린 칡순이 도돌이표 그리며
건반을 깨운다

피서객이 끊어진 화양계곡, 탑들은
소리를 내려놓은 파이프오르간 같다
나뭇잎 사이로 뻗쳐오는 빛살로 툭, 두둑
정적을 연주한다

메트로놈은 멈춰있는데
날아오르지 못하는 음표들이 날선 소리를 내며
발밑에서 일어선다

탑 쌓는 소리와
산울림에 물든 가랑잎이
돌무덤을 덮어준다

캄캄한 탑과 탑 사이를 오간다
칡넝쿨이 길을 낸다

* 충북 괴산군 청천면 도원리 돌탑공원.

턱

겨우내 먼지 쌓인 화초를 수돗가에서 씻어주는 날, 크로톤나무 잎들이 모세혈관이라도 터진 듯 빨간 잎맥과 초록잎 낱낱이 불그죽죽하다 베란다로 오르는 턱에 걸려 화분의 반쪽은 낮은 곳에 반쪽은 높은 곳에 기우뚱 걸쳐있다, 비탈에서 오도 가도 못한다

한 아름 화분을 끌어안은 남편은 베란다 위에서 끌어당기고, 나는 수돗가에서 밀어 올린다 잘 올라가다 잠깐, 바퀴가 턱에 걸렸어요 화분 위쪽을 조금만 들어서 당겨 봐요 조금만, 아니, 아니 밀지 말고, 살짝만, 너무 힘주지 말고, 살짝만 당기라고요,

엉덩이와 턱을 쭉 내밀고, 밀고 당기는 당신의 살짝과 나의 살짝이 나무를 사이에 두고 공전空轉한다 넘어갈 듯, 넘어갈 듯, 잎새들 숨죽이며 빨개지다가 파래지다가

판화 1950

어두운 하늘에
까마귀 울음소리 울린다
안개에 싸인 어암리 과수원

하얀 두건 쓴 상여꾼처럼
흰 봉지 주렁주렁 길게 늘어선 이랑 속
사과나무 한 그루
알알이 붉은 눈을 뜨고 서있다

그날 새벽
등불이 꺼진 우리집 마당처럼
나무 위로 솟은 사다리가
나무 아래서 지워져 보이지 않는다

안개 속에서 탱크가 밀려오듯
어둠을 와삭와삭 베어 먹으며 다가오는
붉은 아침

울타리 없는 마당에
낙과落果처럼 아이가 서 있다

남북적십자회담
— 이산가족

1
아사달은 탑을 쌓으러 먼 길을 떠났다
늙으신 부모와 여덟 남매와 아내를 두고
설계도 한 장 가슴에 품고 그리 오래 걸리지 않을 거라 했다
아사녀는 밤마다 여덟 남매를 재우며 아사달 이야기를 들려줬다

2
아사달은 캄캄한 탄광에 갇혔다
화석이 된 탑이라도 캐내어 집으로 돌아가야 했다
검은 절벽에 날마다, 날마다 아사녀를 새겨 넣었다
지층에 삼엽충처럼 눌리는 여덟 남매를 캐내고 또 캐냈다

3
시주를 얻으러 온 스님이
아미타불 관세음보살 간절히 빌면
저 연못에 아사달의 탑 그림자가 보일 것이라 했지만
아사녀는 죽고 아이들은 난장이로 벙어리로 나이 들어갔다

4
열여덟 살 꽃새댁 아사녀는 아사달을 찾아 헤맸다
아이들 빨래가 바람에 펄럭이는 낯선 집 뜰에 앉아

먼 산을 바라보는 아사달을 담 너머로 보았다
오래 오래 바라만보다 돌아서는 아사녀는
쩍쩍 갈라진 연못 바닥에 한줌 모래로 스러졌다

5
오랜 가뭄 속에서 여우비가 지나가곤 했다
그런 날이면 이 땅에는 사람의 소리인지 유령의 소리인지
울음들이 먼지처럼 일어서다 흩어지곤 했다
습하고 서러운 바람이 마른 연못에 불다가
죽은 물고기처럼 배를 하얗게 드러내곤 했다

밥

엄마는 아침마다 따듯한 밥 한 그릇 정갈한 부뚜막에 놓아두었다

밥은 언제나 덮개가 덮여 있는 채, 아버지는 돌아오지 않았다

○○○*

6 · 25 전쟁 때 중학교 5학년 여름방학 비상소집에 나갔다가 월북함

김일성대학 입학, 기숙사 학생위원장, 연대장, 당위원장 역임,

김일성대학 이과 수석졸업(해양생물학 전공)

해양학 연구 경력으로 경수로 연구소 2급까지 승진

17권의 외국서적(해양생물 서적) 노어, 영어, 일어 번역

"아파트 3층에 살지비. 수도는 3일에 한 번 나오고 변소는 아래층에 공중변소,

난방은 벽아가리 2개, 그중 하나는 연탄용이지비, 가을에 석탄가루 배급 받아 물 섞어 찍어 말려 때는데, 고래가 꿰져 연탄가스가 새서리…… 또 한 아가리에는, 퇴직 후 17년 동안 내가 낭구를 해 와서 때고 있지비.

나는 질금을 질구고, 에미(아내)는 신포 장에 내다 팔아 옥수수가루 간신히 구해서리, 소나무 껍질가루와 반반

섞으면 먹을 만하고, 소나무껍질가루 8, 옥분 2로 하면 소화가 안 되고 배가 아파…… 이 달러를 들고 무사히 귀국하믄…… "**

화상상봉에서, 수석 졸업 때 받았다는 주먹 만 한 순금훈장 가슴에 달고
그 은혜 찬양하느라, 화면 가득 훈장 내밀어 보이던 당숙

주름, 주름 눈물 맺히더라, 며
연변에 다녀 온 당고모는
밥, 밥이 넘어가지 않는다고……

두무진에서 멀리, 식은 밥그릇처럼 캄캄하게 떠있는 장산곶을 발돋움만 하다가
백령도 뱃길로 지나쳐온 해주와 장연 땅 그곳에
"배다른 너의 사내동생들 살고 있다하시더라……"

* 6 · 25 전쟁 때 월북한 당숙의 경력.
** 2009년 3월 미화 7백 달러를 들고, 연변에 가서 당숙을 만난 당고모가 채록한 내용.

철로

침목으로 거리를 둔
부부

기차가 달려오면
저울처럼 똑같은 무게를 이고

함께 굽으며
내리막 오르막 함께 숨차다

휴보HUBO의 정원

깊은 밤 정원을 바라봅니다
내 몸의 모든 센서가 꺼져있는 시간입니다

정원에는 숨소리 가득합니다
열한 그루의 나무가 목련꽃을 낳으며
불을 켭니다

꽃댕강나무 아래 누운
길고양이 뱃속에서 새끼들 꼬물거립니다

나의 몸속에는 마흔한 개의 전동기가 있습니다
밤마다 정원으로 나아가
숨쉬고 싶습니다

심장에서 발끝까지 흐르는
물관을 꿈꾸고 있습니다

이제 나는 십만 와트의 내 어둠을 켭니다

해설

'비밀의 방'에서 '존재 가능'까지

김석환 시인 · 명지대 명예교수

'비밀의 방'에서 '존재 가능'까지

김석환 시인 · 명지대 명예교수

1.

시인은 왜 이미 누군가 닦아 놓은 탄탄대로를 벗어나 미지의 황무지에 낯설고 험한 길을 내어 가는 고되고 고독한 행보를 스스로 자처하는가? 왜 일상화 된 논리나 어법을 외면하고 자신만의 독자적 어법을 새롭게 구축하며 새로운 언어의 집을 지으려 하는가? 홍 시인의 시를 읽다 보면 그러한 물음을 다시 하게 된다. 홍 시인이 열어 가는 그 낯선 언어의 길을 따라 걷다보면 일상적 시간의 벽을 허물고 닫힌 방에 유폐되기도 하고 삶의 끝에 이르러 죽음의 세계에 닿기도 한다. 그리고 어디서 어떻게 살고 있고 어떻게 살아가야 하는가에 대한 실존론적 의문을 품고 불안과 고민을 하게 된다. 그리고 세간에 떠도는 빈말과 남의 시선에 따라 살아가던 자신의 허상을 발견하고 그 퇴락한 일상을 벗어나 내면 깊이 밀쳐둔 자신의 참모습을 찾는 성찰의 시간을 갖게 한다.

시집 첫째 면을 차지하는 다음 시는 홍 시인이 치열한 시적 자세와 함께 자신에게 시 쓰기란 무엇인가를 넌지시 보여 준다.

공구 통에서
실톱이 자고 있다

먹통과 줄자에 날을 대고
척추를 곧게 펴
젖내가 날 것 같은 잇몸을 드러내고
양날톱에 업혀있다

아가미주름 펄럭이는 어미를 따라
심해에서 먹잇감을 노리는 새끼 라브카*처럼
이빨을 세우고 있다

잠이 깨면
앙칼지게 먹잇감을 물고 숨 고르며
가느다란 선을 먹어 치울

팽팽한 휴식

* 6쌍의 주름아가미를 가진 심해상어.

—「톱」 전문

공구 통에서 자며 휴식을 취하고 있는 실톱은 '심해에서 먹잇감을 노리는 새끼 라브카'에 비유된다. 그것이 날을 대고 있는 '먹통과 줄자'는 장차 집을 지으려고 목재를 자르기 위해 선을 긋는 데 필요한 도구이다. 그것으로 그어 놓은 '가느다란 선을 먹어 치울' 실톱의 '이빨'은 젖내를 풍기고 있다니 아직 사회로 진입하기 이전에 어머니 품에서 젖을 물고 잠든 어린아이를 연상케 한다. 이를 정신분석학적 측면에서 보면 실톱은 욕망 또는 감정의 비유물이며 먹통과 줄자로 그어 놓은 '가느다란 선'은 욕망을 드러내는 틈새요, 길이라고 해도 좋을 것이다. 실톱은 그 선을 먹어치움으로써 목재를 용도에 맞게 잘라 새로운 집을 축조할 것이다. 그렇게 지어진 집은 언어를 소재로 하여 시를 짓는 시인에게 욕망 또는 감정을 보여 주는 시나 다름이 없다. 그렇게 홍 시인은 심해에서 척추를 세우고 '아가미주름을 펄럭이'며 팽팽한 휴식을 취하는 라브카처럼 긴장감과 치열함으로 언어의 집을 짓는다.

2.

독자적인 시를 쓰기 위해서는 타자의 욕망을 좇는 동안 밀쳐 둔 고유한 욕망을 되찾는 것이 우선일 것이다. 그것은 실존론적으로 볼 때 허위로 가득한 세상에 몰입된 채 '비본래적'인 삶을 살던 자기를 '본래적'인 자기로 되돌려 놓는 일이다. 그러기 위해서는 우선 일상으로부터 떠나 자신의 내면 깊이를 들여다보는 성찰의 노력이 필요할 것이다. 홍 시인은 자신의 고유한 욕망을 만나기 위해 가슴 깊이에서 들리는 심장이 하는 말에 마음의 귀를 기울인다.

시 「활동심전도 일기」에서 화자는 종일 전극을 가슴에 붙이고 활동하며 '활동심전도 일기'를 쓴다. 그러나 심장이 하는 "말을 번역할 수 없을 때"가 있어 답답하다고 하는데 그것은 내면 깊이 잠복되어 있는 자신의 고유한 욕망을 만나기가 어렵다는 걸 암시한다. '심장'은 마음, 즉 자신을 존재하게 하는 생명력이 저장된 곳이기에 그 '말'은 고유한 삶의 욕망이 들려주는 것이다. 그런데 가슴이 조여들며 2인칭 '너'가 되어버린 또 다른 '나'는 계곡 아래로 떨어지며 아이처럼 '나'를 부르지만 "너의 숨찬 말"을 뚜렷이 듣고 받아 적을 수가 없다. "말을 놓쳐 버리고, 숨이 다시 가빠오"는 증상은 자신의 고유한 욕망을 성찰하려는 시인의 무의식적인 노력과 그 어려움을 보여 준다.

하이데거의 말을 빌자면 '심장이 하는 말'은 내면 깊이에서 들려오는 '양심의 소리', 즉 자신의 존재를 스스로 책임지고 세우라는 침묵의 부름인지도 모른다. '양심의 소리'는 '세계-내'에 던져진 채 세인들의 빈말을 듣고 그에 따라 판단하고 살던 자신을 향해 또 다른 '나'가 참된 삶을 계획하고 실천하라고 들려주는 소리 없는 부름이다. 시인은 심장에 이상 증상이 나타나 '활동심전도 일기'를 쓰면서 심장에서 울려나오는 침묵의 부름에 귀를 기울이는 것이다.

그리고 홍 시인은 시 「저어새」에서 "절여지고 다져진" 채 독에 담겨서 "독이 함께 삭아가는" 깍두기를 보며 자신의 내면을 성찰한다. "그릇" 또는 "독"이 무의식적 공간을 대신한다면 그 속에서 "뭉툭한 잎을 양 날개처럼 접고" 있는 "쪽파 대궁"은 소외되어 있던 고유한 욕망의 실체이다. 그리고 "토막 난 육체들 비명" 역시 그 고유한 욕망이 들려주는 침묵의 부름이다. 이어서 '쪽파 대궁'이 '저어새'로 변용되어 날개 가득 바람을 기다리며 날아갈 "먼 섬을 바라보는" 것이다. 그것은 화자가 진정한 주체가 되어 소외되어 있던 고유한 욕망을 현현하려는 것을 암시해 준다. 또한 현실에 몰입해 있던 안일한 일상을 초월하여 '존재 가능'을 향해 접어 둔 꿈의 날개를 새롭게 펼치고 비상하려는 시인의 내면을 보여 준다.

그런데 인간은 홀로 살 수 없고 일상 중에서 늘 타자들과 교섭하며 지내야 하기 때문에 고유한 욕망을 완전히 충족하기란 불가능하다. 홍 시인은 시 「수선화 어린 싹을 자르다」에서 학예발표회 때의 아픈 기억과 수선화 구근을 심고 꽃 피기를 기다리는 과정을 비유적 관계로 구축한다. 그래서 욕망이 현실에서 어떻게 타자에 의해 억압당하는가를 보여준다. "학예발표회에서 노랑나비 역을 하게 된 아이"에게 큰언니가 "금잔화 빛 치마와 노랑저고리를 만들어 주었"으나 선생님은 "아이의 날개옷을 벗겨/ 주인공에게 입혔"던 것이다. 그래서 "날개를 펴 보는 첫 비행"을 해보려던 아이의 꿈은 좌절되고 말았다. 그 사건은 구근을 심었으나 "새 움들에 가려/ 꽃대가 보이지 않는" 수선화에 비유되며 욕망의 억압으로 인한 심리적 외상을 보여 준다.

한편 시 「일시적 전반 기억상실증」에서 홍 시인은 일시적으로 의식을 잃고 혼수상태에 빠졌던 경험을 시화하고 있다. 화자는 부엌에서 열무를 다듬다 쓰러져 의식을 잃고 죽음 직전까지 이르던 짧은 순간이 기억나지 않는다고 한다. 그러나 그 순간은 현실을 지배하는 규칙이요, 권력의 상징인 "시간이 지워진 나"로서 무의식의 상태에 머물러 있던 것이다. 그 순간에 화자가 "혼자 살고 싶"으나 "내가 나를 떼어 놓을 수가 없다"는 말을 했다고 며느리가 일러 주었다. 그렇게 무의식 속에서 화자는 일상 속에서 자기에게 억압을 가해 오던 타자들로부터 벗어나 홀로 자신의 고유한 욕망을 실현하고 싶었던 것이다. 그렇게 독자적 욕망의 주체가 되고 싶은 '나'는 현실 속에서 늘 타자들과의 어울려 살아야 하는 '나'를 떠나 살 수 없다는 한계를 인식한다. 특히 무의식적 환상의 내용을 표현한 첫 연은 "가야하는데 길이 없"는 상황 중에 겪는 화자의 내적 갈등을 보여 주고 있다. 그런데 의식을 회복하여 현실 속으로 돌아왔으나 욕망하는 '나'는 "끝없는 벌판" 끝에서 "길을 잃고 서성이는/ 그녀 ", 즉 자신의 모습을 그리고 있다.

그리고 시 「양파야 양파야」에서 홍 시인은 양파가 새싹을 틔우는 것을 보고 산방에 들어가 해산하던 기억을 떠올리며 서로 비유적 관계를 구축한다. 내부에 잠재된 생명력으로 새싹을 틔우는 양파를 보며 해산을 위해 "숨 참는 어미"라고 부르며 입술을 "깨물지 말"고 "비명을 지르"라고 한다. 그렇게 자신이 새로운 생명을 낳기까지는 죽음을 초월하는 산고를 치러야 한다는 걸 보여 준다. 그리고 시 「야단법석 베란다」에서는 주문진 바닷가의 "너럭바위민박집" 화분에서 허리가 꺾인 채 누운 선인장이 "한 아름 안은 새싹들"에서 "동자승들 웃음소리"를 듣는다. 그것은 와불이 "검은 너럭바위에 피워 올린 백련"과 등가치로서 일상을 넘어선 초월의 세계를 상징하는 바다 가까이에서 불심과 같은 진정한 생명력이 현현된 것이다. 그것은 또한 "가시장삼 자락에서 피워 올리는 꽃"에 비유됨으로써 타자의 욕망을 극복하고 드러나는 고유한 욕망의 실체를 보여 준다.

또한 시 「붕붕」에서 "둥근 금 안에서" "제자리걸음" 걷기를 하여 금을 벗어난 상황과 박주가리 씨앗이 껍데기를 터뜨리며 날아가는 상황을 대응시킨다.

나를 에워싼 벽이
여름밤하늘처럼 열린다
껍데기 터뜨리며 날아가는 박주가리 씨앗처럼
붕붕 가벼워진다

점점 무한 공간으로 작아지는 나
팔을 크게 저으며 더 높이 걷는다
어지러운 길 위의 검불
까마득히 흩어지는 먼지 한 점이다

눈을 떠보니
나를 가두었던 금 저만치 멀어지고
박주가리 씨주머니
텅 비어 있다
—「붕붕」 부분

화자가 금 안에서 눈을 감고 걷기 놀이를 하는 동안 자기를 "에워싼 벽이/ 여름밤 하늘처럼 열"리고 가벼워진다. 그리고 작아져서 "검불"이 되고 "까마득히 흩어지는 먼지"가 되는 까닭은 무엇일까? 눈을 감음으로써 자신을 구속하는 금을 의식하지 않을 때 무의식적 욕망이 작동된 것이다. 그 순간에 현실의 규범을 지키느라 소외되어 있던 고유한 욕망을 만나 참된 주체가 되어 자유를 누리게 된 것이다. 텅 빈 “박주가리 씨주머니”는 억압된 욕망을 실현하고 난 화자의 무의식적 공간을 암시하며 울타리 밖에 들고나는 “멧새”는 자유로워진 화자를 대신한다.

이처럼 홍 시인은 주로 일상적 현실과 차단되거나 닫힌 공간에서 내면을 성찰하며 억압되고 소외된 자신의 고유한 욕망을 만난다. 그리하여 참된 주체로서 현실을 초월하여 진정한 자유를 누리는 내면을 보여 주고 있다. 그것은 또한 일상에 몰입하여 비본래적 삶을 살던 퇴락한 자기를 본래적 존재로 되돌려 놓으려는 실존론적 노력으로도 볼 수 있다.

3.

그런데 본래적 존재로 돌아오기 위해서는 인간으로서의 존재가 끝나는 죽음으로 미리 앞질러 다가가 존재의 전체 가능을 이해하고 확보하는 게 우선일 것이다. ‘종말에 이르는 존재’인 인간이 결코 피할 수 없고 누구에게 의탁할 수도 없는 게 죽음이 아닌가? 그리고 죽음의 순간에 이르러야 존재의 전체 의미가 완성되니 살아가는 동안엔 항상 존재의 미완성 상태로 남아 있는 것이다. 홍 시인의 시에 죽음의 이미지가 많이 등장하는 것은 아마도 죽음을 앞질러 다가가 존재의 전체적 가능성을 확보하여 더욱 본래적인 삶을 창조하려는 의도 때문일 것이다.

시 「나비잠 속의 순례」에서는 바라나시에서 목격한 죽음의 현장을 떠올리며 자신의 죽음을 미리 상상해 본다. 자기 내면에 수문이 열리고 “초원의 끝에서부터 북을 두드리며 달려오는" 갠지스강의 흙탕물이 그곳에서 주검을 불태우던 장작을 기억나게 한다. "유령들의 목소리", "죽은 자들의 옷가지", "글자가 지워진 책들", "짐승의 사체", "뿌리 뽑힌 나무들"은 죽음의 현장을 두렵고 으스스한 분위기로 장식하는 이미지들이다. 화자는 죽음의 현장을 환상하면서 "황량한 들판"이 되어 이미 죽은 자신의 아기를 다시 떠올린다. 그리고 순례자들이 자기의 몸을 불태우기 위해 장작을 올리는 순간을 미리 그려 본다.

그렇게 화자는 바라나시에서 체험한 죽음을 다시 환상하면서 장래에 다가올 자신의 죽음으로 앞질러가 본다. 그 순간 "바람은 물무늬를 만들고" 갠지스강은 늘 눈을 뜨고 사는 "거대한 물고기 몸짓으로" 화자의 등줄기를 어루만지는 것이다. 그렇게 죽음의 현장인 갠지스강이 화자의 의식을 새롭게 눈뜨고 깨어나게 하는 부활의 성소가 된다. "잠의 유배지"에서 눈을 뜨는 "비늘들"은 죽음을 미리 앞질러가 봄으로써 자기 존재의 전체적 가능성을 이해하여 새로운 삶을 도모하려는 시인의 내면을 암시한다.

뿐만 아니라 시 「염습」에서 홍 시인은 한낱 식물에 불과한 "선인장"의 죽음을 보면서 자신의 죽음을 미리 앞질러가 본다. 마흔 해 동안 어려움을 당할 때마다 "길이 없어 의지"하며 키운 "선인장 금사자"가 생의 한계에 이르러 몸을 누인 채 숨소리마저 흐릿해진다. 그러나 그 어미 선인장의 "상순으로 차오르는 검은 숨을 딛고" 새끼들이 잔뿌리를 내린다. 어미 선인장은 그 "주검을 드러낸 구덩이의 고요" 속에서 자신의 뿌리만 "제 몸을 조문"할 뿐이지만 "남기고 가는 새끼들일랑 걱정 말라"며 최후를 죽음을 맞이하는 것이다. 화자는 그 주검을 “신문지 수의 입혀” 묶는 ‘염습’을 단행한다. 이처럼 홍 시인은 선인장의 죽음을 통해서 결코 피할 수 없이 다가올 죽음을 간접적으로나마 미리 체험한다. 그리하여 생의 유한성을 초월하고 본래적인 삶을 창조하려는 의식을 보여 준다.

시 「자라를 심다」에서 역시 죽음의 관문을 통과한 ‘자라’가 꽃모종이 되어 꽃밭에 심기어 장래 꽃으로 피어날 가능성이 암시된다.

> 돌 틈에서 기어 나온 자라들
> 유리벽을 긁으며 출구를 찾는다
> 미끄러지고 미끄러지며
>
> 채송화 씨앗 같은 눈으로
> 바위에 엎드려 오래 내다본다
> 엄마를 본 적 없는 눈빛으로
>
> 밤새 벽을 두드리고 두드리다
> 물은 흐려지고
> 발톱을 오므린 채 고요해진 아침
>
> —「자라를 심다」 부분

“휘수와 서율”이 초보 엄마가 되어 갓난아기처럼 돌보는 자라 두 마리가 돌 틈에서 기어 나와 출구를 찾다 미끄러지곤 한다. 바위에 엎드려 내다보며 탈출을 시도하다 실패하고 밤새 벽을 두드리다가 끝내 ‘발톱을 오므린 채’ 죽어 아침을 맞는다. '휘수'가 "시든 모종 같은 자라"의 주검을 받쳐 들고 장사를 지내기 위해 꽃밭으로 간다. 그렇게 벽 속에 갇혀 살면서 탈출을 시도하던 자라는 죽음으로써 밖으로 나와 꽃모종이 되어 새로운 삶을 시작하는 것이다. 강물에 살던 자라는 유리벽이라는 환경세계 안에 갇혀서 탈출을 시도하다가 끝내 죽음을 맞지만 생의 유한성을 넘어서서 꽃으로 환생하여 열린 세계에서 새로운 삶을 시작한다. 그것은 환경세계에 갇힌 채 일상에 몰입하여 비본래적인 삶을 살다가 죽음을 앞질러 다가가 '존재의 전체 가능'을 확보하고 본래적 삶에 가까이 가려는 홍 시인의 의식을 엿보게 한다.

홍 시인은 또한 시 「참나무 화장」에서 참나무를 태우고 남은 숯에 물을 부어 끄다 타지 못한 채 남아 있는 옹이를 발견한다. 참나무가 타서 남은 숯 또는 재를 불이 낳은 "검은 알"에 비유하며 거기서 "맴도는 말"을 듣는데 그 말은 "물굽이와 산새소리"로 구체화되어 등장한다. 그것마저 태워 보내고 "아직 보내지 못한 너"를 그려 보며 그 "뼈의 결"을 발견한다. 그것은 "나무의 자궁"에 있다가 타고 남은 후에 드러나는 "옹이"에 비유된다. 그렇게 화자는 참나무가 불타고 남은 재를 보며 이미 흘러간 어느 때 함께 있다 떠난 '너'가 기억의 흔적에 그림자처럼 남아 있다는 것을 감지한다. 현재를 살고 있는 화자의 의식 속에는 장래에 다가올 죽음은 물론 현재에는 부재하지만 이미 있었던 기억이 함께 자리를 차지하고 있는 것이다.

4.

홍 시인이 그렇게 죽음을 간접적으로 체험하면서 자신의 죽음으로 앞질러 다가가 보기도 하고 이미 있던 시간 속으로 되돌아가 보기도 한다. 인간이 교섭하며 살고 있는 현재는 죽음을 비롯하여 다가올 '장래'와 이미 있던 '기존'으로 구성되어 있는 것이다. 그런데 홍 시인이 지난 시간으로 되돌아가서 자주 만나는 존재자는 주로 자기 존재의 기원인 아버지와 어머니이다.

시 「데려 가네라는 말」에서 화자는 시를 '데려 가네'로 마무리 해 놓고 그 글자와 말이 "몰려오는 비구름 같다"고 한다. 그리고 그 말을 듣자 "들꽃 자수" "무명치마 냄새" 등을 상상하며 "산소호흡기에서 놓여난 엄마"를 그린다. 또한 "'데려 가네'를/ '데려 오다'"로 말해 보는데 그것은 죽음의 세계로 떠난 어머니에 대한 그리움의 표현일 것이다. 이처럼 이미 죽음의 나라로 누군가 데려 간 어머니를 다시 데려오고 싶은 까닭은 무엇일까? 어머니는 자신을 낳아 주고 일방적인 사랑을 베풀어 줌으로써 최초의 거울이 되어 자아를 형성해 준 존재의 기원이다. 그런 '어머니'라는 거울 앞으로 되돌아감으로써 흐려지는 자기의 존재를 확립하려는 무의식적 욕망 때문일 것이다.

또한 엄마의 일몰에서 홍 시인은 엄마가 이고 온 "신접살림 닷말들이 독"을 아파트 베란다에 앉혀 두고 사모의 정을 보여 준다.

빈 독을 닦으며 잠을 깨운다

공명으로 맴도는 파도소리 똬리 틀어
아파트 베란다에 앉힌다

소금을 녹이며 떨어지는
저 깊은 물의 음성
물 머금는 소금의 맨살들 속삭이는 소리
—「엄마의 일몰」 부분

무거운 독을 이고 "몽산포 삼십 리 벼랑길"을 오느라 자라처럼 목이 눌렸지만 딸 앞에서 웃음을 잃지 않는 모성의 깊이가 외려 눈물겹다. 독 안에서 '공명으로 맴도는 파도소리'와 '물의 음성'은 엄마의 가슴 깊이에서 들려오는 사랑의 신호음이다. 그리고 '소금들 맨살들 속삭이는 소리'는 엄마의 사랑에 감동이 된 화자의 내면에서 울려 나오는 것이다. 화자는 그 독 안으로 "둥실 품어 드는 메주"가 되는데 그것은 시인이 어머니라는 거울에 비추어 자기의 존재를 확인하고 세우려는 무의식적 욕망을 암시한다.

그리고 시 「가족사진」에서 화자는 두만강을 건너고 중국의 연변을 거쳐 서해바다를 건너온 흑백사진에서 아버지의 모습을 본다. 그 사진에는 "아버지 곁에 다른 어머니"와 "삼형제 아들이 에워서 있"는데 사진을 크게 확대해서 보니 아버지는 인민복을 입은 채 머리카락이 하얘져 있다. 그러한 가족사진 한 장은 남북이 분단된 채 살고 있는 민족의 비극과 그 때문에 한 가족이 당하고 있는 애환을 극명하게 보여준다. 화자는 흑백사진 속에서 자기를 바라보는 아버지 눈빛을 처음으로 마주한다. 아버지 역시 어머니와 함께 자신을 지상에 존재하게 하고 독자적 주체가 되어 사회로 이끌어 준 존재의 기원이자 안내자이다. 화자는 다른 어머니와 살고 있는 “아버지의 시간대”로 돌아가 자기 존재를 확인하고 정립하는 것이다.

시 「담채화」에서 비극적인 민족사의 희생양이 되어 볼 수 없던 아버지의 존재는 환상으로 그린 “담채화” 속의 “하얀 발”로 살고 있다. “깊은 골짜기 있어 그늘에 먹힌 어두운 집”은 곧 비극적인 가족사가 시작된 곳이자 화자의 내면 깊이에 있는 무의식적 공간을 대신한다. 점층적으로 축소되어 간 시적 공간은 “작은 방”으로 좁혀지며 더욱 내밀성을 띄게 된다. 이어지는 연에서는 비극이 발생하던 지난날의 상황이 축약되어 나타나는데 사나워지는 “짐승”의 힘 앞에 “작은 새처럼 집이 파닥”이는 순간은 그 비극이 시작된 원인을 흐릿하게 짐작하게 한다. 외부로부터의 공격을 피하느라 “대문이 잠겨 있는 집 불 꺼진 방”에 있는 담채화 속의 “복숭아 뼈에 빨간 머큐로크롬”은 어떤 공격으로 받은 상처를 치유하기 위해 바른 것이다. 그것을 바른 “당신의 크고 하얀 발”은 화자가 살아오는 동안 외부로부터 감시나 공격을 받을 때 자신을 “품어 주는 등불”이 되었다. 그렇게 당신의 발에 받은 상처는 화자에게 심리적 외상으로 남아 ‘담채화’를 그리게 하면서도 어두운 현실을 밝혀 주고 위로를 준 것이다. 그것은 홍 시인이 부재하는 ‘당신’의 존재를 환상으로 그리면서 불안을 극복하며 자신의 존재를 창조적으로 세워가려는 실존론적 노력을 엿보게 한다.

시 「산희가 산희에게 쓰는 편지」에서 상처 받은 발의 주인인 ‘당신’이 아버지임을 보여 주고 있다. 화자는 가을에 섬진강변을 달리는 완행열차를 타고 여행을 한다. 그것은 곧 "1950년 6월"의 아버지 발을 만나러 가는 시간 여행이자 "나를 잠시 내려놔 보곤" 하며 이미 있었던 또 다른 '나'를 만나기 위한 자아 탐색의 길이다. 어릴 적부터 "맨발의 환영"이 무의식 속에 각인되어 있었는데 누구의 발인지 모르면서 "복숭아뼈에 칠해진 빨간색"을 "등불"이라 여긴 것이다. 그런데 그 발 그림을 엄마에게 내보이니 자신을 "처음 안아 본 아버지의 발"이라고 일러 주었다. 엄마는 아버지가 없는 "가파를 절벽"같은 지난한 현실 속에서도 형제들을 보살피며 살아왔다. 이제 "우리의 등불"이 되었던 "아버지의 아픈 발"에 대한 기억이 점점 흐릿해지지만 아버지께 보내드리고 싶은 것이다.

이처럼 화자는 아버지의 발을 떠올리고 외롭고 힘들게 살아온 어머니를 그리며 열차를 타고 여행을 한다. 그 여행은 곧 자신의 존재의 기원인 부모를 환상함으로써 자아를 정립하는 성찰의 과정이다. 홍 시인은 시 「비밀의 방」에서도 비극적 가족사의 출발지인 "낯선 여관방"으로 되돌아가 어머니와 아버지와 함께 머물던 "소리도 움직임도 없는 시간"의 상황을 매우 섬세한 필치로 그리고 있다. 화자가 "박꽃처럼 환하던 무덤 속"같은 그 방으로 "혼자 숨어드는" 까닭이 무엇일까? 그것은 이념의 대립으로 전쟁을 하고 같은 민족이 남북으로 분단된 현실에서 이산가족으로 살아야 하는 비인간적인 환경세계에 던져진 홍 시인의 실존론적 고뇌 때문일 것이다. 홍 시인은 부모라는 자기 존재의 기원으로 되돌아가 불안한 자신의 존재를 세우고 어두운 현실을 초월하여 삶의 본래성에 가까이 다가가려 한다. 또한 '비밀의 방'에서 환상으로나마 다시 부모를 만나서 존재의 거울로 삼아 참된 자아를 되찾으려는 무의식적 노력을 보여 주고 있다.

한편 다음 시에서는 "덮게 잃은 거북 벼루"를 제재로 하여 "아버지의 기억"을 떠올리며 이산의 현실을 극복하는 심적 노력을 암시하고 있다.

책상 위 덮개 잃은 거북벼루를 쓸 때면
오빠와 언니들은
다양한 글씨체로 써내려간다
나에겐 없는 아버지의 기억을

붓에 첫 먹물을 축이던 날부터
한 점 한 획
검게 물드는 신문지
둥글게 둥글게 먹을 갈아온 날들

장맛비에 마른도랑 콸콸 넘치는 날
들려오는 소리
밀집물레방아 물줄기 아래
소리 속의 소리

—「이산」 부분

'거북 벼루'는 곧 아버지의 상징이자 그곳에서 붓에 먹물을 축이어 글을 쓰는 '오빠와 언니들'의 존재의 근원이요, 거울이다. 그곳에 먹을 갈 때마다 아버지를 그리며 살아 온 화자는 장맛비에 마른 도랑이 넘치는 날이면 '밀집물레방아 물줄기 아래'서 들려오는 '소리 속의 소리'를 듣는다. 그것은 곧 아버지의 목소리이자 결핍이 된 환경에서도 스스로 현실을 초월하여 미래의 존재 가능을 향해 가라는 또 다른 '나'가 들려주는 '양심의 소리'일 수도 있다. 화자는 물 속에서 "돌의 목소리"를 캐내며 아버지의 얼굴에서 필지도 모르는 "물빛 웃음"이 자신의 손을 감싸는 것을 감지한다. 그렇게 화자가 환상으로나마 부재하는 아버지와 손을 잡음으로써 자기 존재의 결핍을 채우는 것은 곧 시인이 자기 존재를 확립하고 새로운 삶의 길을 열어 가려는 실존의식을 엿보게 한다.

5.

홍 시인은 자신의 내면에 잠재된 무의식적 욕망으로 독자적인 시세계를 구축하려 한다. 그 언어의 집에는 일상을 벗어나 소외된 채 밀쳐 둔 자기의 참된 욕망을 찾고 진정한 주체가 되어 창조적인 삶을 살고자 하는 시정신이 숨어 있다. 그것은 실존론적 측면에서 볼 때 일상에 몰입하여 비본래적인 삶을 살다가 본래적 존재로 자기를 돌려놓으려는 노력이다. 그리고 홍 시인은 종종 '존재 가능'이 끝나고 완결되는 죽음으로 미리 앞질러가서 자기의 전체 존재를 이해하여 일상을 초월하여 새로운 삶을 시도하려 한다. 또한 어머니 또는 아버지에 대한 기억을 떠올리고 그리움을 보여주는 시들이 많다. 특히 민족사 비극으로 아버지가 부재하는 가운데 살던 홍 시인은 자주 부재하는 아버지를 환상한다. 그렇게 부모를 환상하는 것은 그들이 상징하는 존재의 기원이요, 최초의 거울 앞에서 자아의 정체성을 확립하고 참된 주체로서 창조적인 삶을 살려는 욕망 때문일 것이다.

이처럼 시인은 타자의 욕망을 좇으며 살아가는 일상으로부터 끝없이 일탈을 시도하며 소외된 자기 고유한 욕망을 찾고 자아의 정체성을 확립하려는 시적 자세를 일관적으로 유지하고 있다. 그것은 곧 빈말이 난무하는 환경세계에 던져진 채 비본래적인 삶을 살던 자기의 존재를 본래적 삶으로 돌려 세우려는 실존론적 노력이다. 그러한 노력은 때로 죽음의 순간을 환상하고 부모를 그리며 고유한 욕망의 주체로 부활하여 현실을 초월하려 한다. 그러나 그러한 욕망과 실존적 고뇌는 직접 설명되지 않고 늘 섬세한 비유적 이미지의 선택과 결합으로 보여준다. 그러한 미적 장치들은 독자들을 긴장시키고 흔들어 함께 고민하고 반성하며 새로운 세계를 보는 눈을 뜨게 한다. 많은 독자들이 함께 시인이 안내하는 낯선 길을 동행하며 가슴이 뜨거워짐을 맛보리라 기원하며 믿는다.

홍산희

홍산희 시인은 충북 청주에서 태어났고, 2002년『문학마을』로 등단했다. 시집으로는『바구니 속의 아침』이 있고, 기행에세이로『기억 속의 담채화』가 있다. 현재 '여름강 동인'으로 활동하고 있다.
홍산희 시인의 두 번째 시집인『야난의 저녁식탁』은 존재의 기원을 거슬러 올라가 자아의 정체성을 확립하고, 이 세상의 삶과 죽음의 의미를 성찰해 보는 대단히 깊이가 있고 감동적인 시집이라고 할 수가 있다. 회고적인 시선은 인간의 감성을 자극하고, 성찰적인 시선은 인간의 사유를 자극한다.

이메일 : sanhi8@hanmail.net

홍산희 시집
야난의 저녁식탁

발　　행 2017년 7월 25일
지 은 이 홍산희
펴 낸 이 반송림
편집디자인 김지호
펴 낸 곳 도서출판 지혜
계간시전문지 애지
기획위원 반경환 이형권 황정산
주　　소 34624 대전광역시 동구 선화로 203-1, 2층 도서출판 지혜 (삼성동)
전　　화 042-625-1140
팩　　스 042-627-1140
전자우편 ejisarang@hanmail.net
애지카페 cafe.daum.net/ejiliterature

ISBN : 979-11-5728-242-5 03810
값 9,000원